늦게 핀 봄

양길순 시집

시 | 인 | 의 | 말

흐르는 시간 속에서
말로 다하지 못한 마음을
나는 조심스레, 천천히 시로 묶었습니다.

살아오며 스친 수많은 인연들—
쉽게 다가서지 못했던 서늘한 마음도,
한 번 맺은 인연을 오래 품으려 했던 따스한 애틋함도,
저마다 제 자리를 지키며
신앙의 길 위에 작은 빛으로 남았습니다.

여행길에 스치듯 지나간 사람들의 얼굴,
바람처럼 다가와 이내 사라진 미소들,
그리고 말없이 내 곁을 감싸준 자연의 위로까지—
그 모든 순간이 내 안에서 하나의 시가 되었습니다.

글을 쓴다는 것은,
내 마음의 작은 등불을 꺼내어
누군가의 하루에
조용히 불을 밝혀주는 일이라 믿습니다.

이 시집을 펼친 어느 한 분의 마음에도
그 불빛이 닿아
하루의 끝에 잠시나마
따뜻한 온기가 머물길 바랍니다.

서재에 앉아 창밖의 가을을 바라보며
2025년 9월   양 길 순

추천사

'사람들에게 평안을 주는 따뜻한 詩'

  양길순 시인은 독실한 기독인으로 훌륭한 미술작품을 창작하는 화가이다. 그의 시 작품에선 그림처럼 아름다운 향기와 지극한 신앙심이 충만하다.
  첫 시집 『자운영꽃 그리움』이 기억에 새로운데 두 번째 시집 『늦게 핀 봄』을 발간하는 것은 늘 시심 속에서 생활하고 있음을 말해 준다.
  양길순 시인은 시집에서 삶, 가족, 신앙, 여행, 자연을 정감 있는 언어로 노래하였다.
모두 서정이 순수하고 투명하여 따뜻한 공감을 준다.
  특히 「수채화처럼」 「전시회」 「전시회가 끝난 밤」 등은 화가로서의 심경이 절절하다.
  "자연은 붓이 되고 시간은 물감이 되어 / 지나온 인생의 여백 위에 / 한 겹 한 겹 감정을 채색해 줍니다."
  "내가 그려낸 세월들이 / 낯선 벽에 걸리는 순간 / 나는 벌거벗은 마음으로 그 앞에 섰다"
  "그동안 걸어온 길이 / 한 장 한 장 그림으로 펼쳐지고 / 눈 앞에 서 있던 시간들이 / 조용히 사라져 간다"는 절창이다.

「내 삶의 전환점에서」 양길순 시인은 "시를 쓰는 사람으로 / 그림을 그리는 화가로 / 나에게 주어진 / 선물 같은 꽃길"이라고 근황을 들려주었다.
"자연은 붓이 되고 시간은 물감이 되어 / 지나온 인생의 여백 위에 / 한 겹 한 겹 감정을 채색해 준다."면서 "한 편의 시를 쓰듯 / 삶을 그려갈 수 있어 / 나이 듦이 참 아름답다"고도 말하였다.
 그렇다. '늦게 핀 봄'은 초목이 더욱 싱그럽고 온갖 꽃이 만발한다. 평온한 행복을 준다.

임병호 시인.「한국시학」발행인

축하의 글

양길순 시인의 '늦게 핀 봄' 출간을
진심으로 축하드립니다

　양 작가님과 인연은 교회에서 시작되었습니다.
어느 날 글을 쓰고 싶다며 제게 다가와 처음 보여준 시 속에는
분명한 가능성과 진정성을 믿고 한국문인협회를 통해 등단을
권유했고 이후에도 양 작가님은 시 창작의 길을 향한 열정을
멈추지 않았습니다.
　시인마을 시창작 교실에 입문한 뒤로는 마치 물 만난 고기처럼
열정적으로 공부하여 시인의 길을 차근차근 걸어 오셨지요.
지금은 서울과 지방을 넘나들며 활발히 문단 활동을 이어가고
있는 모습에 앞으로의 문학적 성장이 더욱 기대가 됩니다.
　두 번째 시집 '늦게 핀 봄' 은 제목처럼 잔잔하면서도 깊은
울림이 있습니다.
시어는 자유롭고 섬세하게 독자의 마음을 이끌며 진솔한 삶의
단면들을 따뜻하게 담아냅니다.
　늦게 핀 꽃이 더 깊은 향을 머금듯 늦게 피어난 이 봄의 시들이
더 오래 독자들의 마음에 남기를 바랍니다.
　앞으로도 양 작가님께서 활발히 활동하시어 문단을 빛내는
작가로 우뚝 서시길 응원 합니다.
진심을 다해 다시 한 번 시집출간을 축하드립니다.

강양옥 시인

시인의 말

늦게 핀 봄
CONTENTS

시인의 말	2
추천사	6
축하의 글	8

1부 삶 속에
조용히 피어나는 삶

내 생의 전환점	16
스승의 날	17
사랑이란	18
사랑	19
나이 듦의 온도	20
기억의 풍경 속에서	21
수채화처럼	22
늦게 핀 봄	23
무궁화 피는 언덕에서	24
진정한 스승님	25
자극과 반응 사이	26
함께라는 이유	27
삶의 아름다운 빛깔	28
비밀번호 시대	29
시계 속 사람들	30
미소의 힘	31
봉숭아 꽃물 추억	32
탈출을 꿈꾸다	33
미당未堂선생의 발자취	34
선 끝에 담긴 나	35
원추리 앞에 서다	36
전시회	37
노을 속에 서다	38
별이 된 친구	39
미리 남기는 유언	40
삶의 무게	41
엄마의 밥상	42
전복죽	43
전시회가 끝난 밤	44
정 이란	45
검진실 앞에서	46
자화상	47
평안을 노래한 그녀	48

2부 가족
존재가 꽃처럼 피어나다

내 사랑 그대	52
사랑은 색으로 피어나다	53
손자	54
연주자	55
돌아보면 어머니	56
미안하다	58
여기까지 왔구나	60
조용한 사랑	61
꽃은 자기 자리에 핀다	62
나무 그늘 같은 당신	63

3부 신앙
신앙의 삶 속에서

새벽기도 가는 길	66
어머니의 기도	67
함께여서 감사	68
룻을 따라 걷다	69
룻을 위한 나의 기도	70
사랑의 기도	71
백합꽃의 기도	72
소박한 여인의 기도	74
가족을 위한 기도	75

4부 여행
낯선 풍경에서 느껴지는 은유

동백의 시간(오동도에서)	78
고성 가는 길	79
경순이의 정원	80
오월의 비상	81
작은 인사 큰 행복	82
정동진의 일출	83
여름휴가	84

5부 자연
사계의 노래

경칩 「봄의 속삭임」	88
배롱나무	89
입춘 「봄의 숨결」	90
봄꽃 잔치	91
봄비 지난 자리	92
봄이 태어나는 소리	93
어느 봄날	94
꽃바람	95
오월이 오면	96
유월 소묘	97
그해 여름밤을 산책하다	98
능소화에 대한 회상	99
그리움	100
가을 노트	101
가을 향기	102
국화 향기에 머물다	103
순백의 향연	104
겨울나기	105
눈 오는 날	106
겨울 잔상	107
그리운 꽃길	108
망초 꽃길에서	109
수국 피는 날	110
이름 값	111
경천대에서	112
팽나무 그늘 아래	113
능소화를 알현하다	114
여름 꽃 앞에서	115
밤비	116
한여름 밤 달빛 아래	117
여름 자르기	118
황톳길을 걸으며	119
여름의 뒷모습	120

1부 삶 속에
조용히 피어나는 삶

내 생의 전환점	탈출을 꿈꾸다
스승의 날	미당未堂선생의 발자취
사랑이란	선 끝에 담긴 나
사랑	원추리 앞에 서다
나이 듦의 온도	전시회
기억의 풍경 속에서	노을 속에 서다
수채화 처럼	별이 된 친구
늦게 핀 봄	미리 남기는 유언
무궁화 피는 언덕에서	삶의 무게
진정한 스승님	엄마의 밥상
자극과 반응 사이	전복죽
함께라는 이유	전시회가 끝난 밤
삶의 아름다운 빛깔	정 이란
비밀번호 시대	검진실 앞에서
시계 속 사람들	자화상
미소의 힘	평안을 노래한 그녀
봉숭아 꽃물 추억	

내 생의 전환점

말하지 못한
작은 상처 하나
마음속 깊은 그늘이 되어
나를 눌렀습니다

낮은 자존감
열등감에 스스로를 가두고
변화를 두려워하며
주저앉곤 했지요

하지만
네게 솔직해지고
부족함을 인정하며
비틀거리더라도
포기하지 않기로 했습니다

실패의 아픔을
성장의 기회로 삼으며
조금씩 걸어 나왔습니다

그리고
미래를 향한 결단에
내 안을 들여 다 보게 했습니다

시를 쓰는 사람으로
그림을 그리는 화가로
나에게 주어진
선물 같은 꽃길이었습니다

스승의 날

 살면서 문득,
마음의 등불처럼 떠오르는 사람이 있다

열감기로 몸이 눕혀진 날,
퇴근길에 건네진 빨간 감기약 한 알
그 손길은 약보다 더 깊이
내 안의 불안을 녹였다
성큼성큼 사라지던 뒷모습은
마치 삶의 굴곡 앞에서도 흔들리지 않는
강철 같은 등불이었다

중학 진학을 앞둔 방황의 길 위,
눈발 속에서 내밀어진 참고서 한 권
그 무심한 듯한 격려 속에서
나는 삶의 풍랑을 견디는 법을 배웠다

그 따뜻한 말들은
바람에 흔들리지 않는 뿌리처럼
내 내면의 버팀목이 되었고,
세월이 흘러도 여전히
내 마음 깊숙이 온기를 지킨다

이제 선생님은 하늘의 별이 되었지만,
그때 베풀어 주신 마음의 빛은
밤하늘에 오래도록 남아
내 삶의 길을 비추는 등불이 된다

사랑이란

사랑이란
굳이 말하지 않아도
눈빛으로 머무는 곳

한걸음 늦은 발걸음에
묵묵히 보조를 맞춰주는 마음
때로는 바람 같고
때로는 바위 같지만
끝내 같은 자리에 머무는 것

기억 속
작은 웃음 하나로
긴 하루가 따뜻해지는 순간

사랑이란
무엇을 주느냐 보다
무엇을 남겼느냐가
더 오래 마음에 머무는 것

사 랑

 사랑은 아기의 눈동자 속
작은 우주가 반짝이는 일입니다

사랑은 미소에 맺힌
눈물 같은 꿀물,
하루의 무게를 녹이는 온기입니다

사랑은 미운 몸짓조차
따스한 손길로 감싸 안는
보이지 않는 품입니다

사랑은 늙은 얼굴 위로
빛처럼 스며드는 연민,
바람처럼 다가와 마음을 어루만집니다

사랑은 외로움 속에서도
곁을 지키며 속삭이는
조용한 등불입니다

사랑은
세상의 모든 포근함과 따스함이
숨 쉬는 방식입니다

나이 듦의 온도

나이 들며
젊은 날의 불같은 열정은
삶이 조금씩 정돈되어
마음이 편안해 졌습니다

가파른 시선으로 보던 것들도
이젠 너그러이 바라보게 되고
감정의 파도에 흔들리던 날들은
조용히 받아들이는 여유로 덮어갑니다

날카롭던 말들은
공감의 말씨로 바뀌고
세상이 더 평화롭게 다가옵니다

한편의 시를 쓰듯
삶을 그려갈 수 있어
나이 듦이 참 아름답습니다

기억의 풍경 속에서

오월의 어느 날
추억을 더듬어
고향 친구네 집에 들렀다

그렇게 높아 보였던 대문은
비스듬히 기울어
빈집의 흉물이 되어있고
사람이 살았던 흔적은
오래전 사라졌다

실금간 장독은
적막을 안고 뒹굴고
검게 그을린 아궁이엔
거미가 집을 지었다

반질반질 윤기 났던 무쇠솥
푸른곰팡이
세월의 깊이를 덮고 있다

퇴화된 폐가의 모습은
마치 오래된 자화상처럼
내 마음 속에 겹쳐졌다

무너진 가슴안고 돌아서는데
탐스럽게 피어난 작약꽃이
조용히 나를 향해 웃어 주었다

수채화처럼

가을은 나에게 한 폭의
수채화입니다
강렬하지 않고 스며드는 빛깔로
조용히 내 마음을 물들입니다

자연은 붓이 되고 시간은 물감이 되어
지나온 인생의 여백위에
한 겹 한 겹 감정을 채색해 줍니다

살아온 날들을 곱게 펼쳐 놓으면
그 안에 울고 웃었던 순간들이
마치 물 번진 색처럼 번져옵니다

완벽하지 않아도
번지고 스며들어 더 깊어지는 그림처럼
삶도 그렇게 익어 갑니다

늦게 핀 봄

오십을 넘긴 어느 날
마음 한 구석이
가을에서 겨울로 저물어 가는
쓸쓸함을 느꼈다

시대적인 빈곤과 어머니의
부재로 인한 배우지 못한
서러운 갈증이 한으로
오랫동안 나를 껴안고 있었다

사람들이 말했다
이 나이에 뭐하려고
하는 말들에 웃으며
나는 지금이라고
마음은 아직 멈추지
않았다는 걸

배움은
과거의 나를 위로하고
미래의 나를 다시 세우는
조용한 기도였다

그렇게 나는 늦게 핀
봄이 되어 시인으로 화가로
남은 삶을
배움의 꽃잎으로 채워 간다

무궁화 피는 언덕에서

팔월의
뜨거운 태양아래
신록에 젖은
무궁화 꽃 언덕에
피부색 다른
젊은 병사의
초상 하나

국적도 언어도 다른 이들이
이 땅의 평화를 위해
목숨을 바친 분들

낯선 땅에 잠든
그대의 숭고한 희생은
소중한 생명으로
이 땅을 지켜낸 사랑

추모비에 새겨진 이름들
천년의 바람 되어 영원하리라

진정한 스승님

초록 번지는 오월
시 밭을 가꾸며
한길을 걸어오신
'임병호' 선생님

강물 따라 세월을 띄우고
소나무처럼 곧게 서서
그물에 걸리지 않는
자유로운 선생님

술잔 속엔
제자들 마음 한잔
사랑 한잔
흐트러짐 없는 애정

문학보다 사람이 먼저다
그 말처럼
무례엔 단호하고
불의엔 뜨거우며
쓴소리조차 따뜻했던
청춘의 스승님

스승의 날 맞아
감사의 마음 담아
카네이션 한 송이
시를 빚어 드립니다

자극과 반응 사이

봄날
햇살은 부드럽고
기분 좋은 여행길

방향지시등 없이
옆 차가 훅 끼어들었다

순간
심장이 쿵
숨이 막혔고
가슴이 철렁했다
분노가 혀끝까지 올라 왔고
못한 말은 땀으로 스며들었다

감정의 파도를 낮추며
자극과 반응사이
공간을 넓혀 본다

가족들 마음 위해
이날의 기억을 위해

함께라는 이유

함께라는 이유만으로
힘이 되고 위안이 되는 사람이 있다

함께라는 이유만으로
말이 없어도 용기를 주는 사람

함께라는 이유만으로
가는 길에 희망을 채워 주는 사람

그런 당신이 있어
오늘도 내일도
내 마음엔 꽃이 피고
걸음엔 햇살이 머문다

삶의 아름다운 빛깔

아기의 해맑은 웃음은
굳게 닫힌 마음의 문을 열고,
순수라는 첫 빛을 비춘다

청소년의 풋풋함은
생각의 매듭을 풀어
미지의 세계를 향한 끈을 늘인다

청춘의 패기와 용기,
사랑과 열정은
무지개를 쫓는 신기루처럼
찬란한 멜로디를 이룬다

중년의 시간은
흔들림 없는 색과
은은한 커피 향처럼
묵직한 고요를 내면에 스민다

노년의 여유는
지나온 삶의 빛과 그림자를 담아
내면의 아름다움으로
여백을 채운다

삶의 빛깔은
각 순간이 스며드는 층위마다
다른 빛으로 완성되며,
마침내 존재를 이룬 하나의 풍경이 된다

비밀번호 시대

출입을 가로 막는
철문 같은 숫자들
모바일 속 금융과 정보
어딜 가도 걸려있는 보안 장치

수수께끼 풀지 못하면
문을 열리지 않고 거절이다

커피숍 식당마다
무표정한 키오스크
정체를 증명하라며
로그인을 요구한다

문화는 바뀌었고
세상은 낯설다

편리함은 어느새
불편함이 되었고
디지털의 숲속에서
헤매고 있다

시계 속 사람들

하나의 시계 안에
세 사람이 살아간다

주어진 시간은 같아도
마음의 속도는 모두 다르다

누구는 초침처럼 성급하고
누구는 분침처럼 차분하며
누구는 시침처럼 느긋하다

그들은
누구를 재촉하지도
누구를 비난하지도 않는다

초침은 분침을 탓하지 않고
시침은 초침을 조급하다
말하지 않는다

서로 다른 속도로
하나의 시간을
함께 만든다

삶이란
속도가 아니라
방향이라는 걸
그들은 알고 있다

미소의 힘

출근길,
낯선 이의 방긋한 인사는
잠들어 있던 마음의 문을 두드리는
작은 바람이다

한마디의 "좋은 아침"은
보이지 않는 빛처럼
가슴 깊이 스며들어
하루의 어둠을 부드럽게 녹인다

예기치 않은 선물처럼
행복이 잔물결 되어 번지고,
환한 웃음은
태양의 한 줄기 빛처럼
내 안의 공간을 채운다

소리 없이 다가와
마음에 흔적을 남기는 미소의 파장,
그 잔향이
오늘 하루를 버티게 하는
보이지 않는 힘이 된다

봉숭아 꽃물 추억

어둠이 내려앉으면
별들이 하늘에 초롱초롱 매달리고
모깃불 피운 마당에 앉아
옥수수 한 알 깨물며 떨어지는 별을 본다

여름밤 최고의 선물은
봉숭아 꽃물들이기
동생과 마주 앉아
손톱 위에 꽃잎을 올리는 일

피마자 잎으로 감싸고
무명실로 단단히 묶으면
가슴 설레는 기다림이
달빛 속에 조용히 스며든다

아침, 조심스레 풀어본 손톱엔
희미한 주홍빛 잔향만 남아
동생의 손톱 위 붉은 꽃을 보면
문득 유년의 시간이 미소처럼 번진다

탈출을 꿈꾸다

우리에 홀로 남은
두 살 얼룩 말 세로

엄마의 부재
고립의 외로움에
먹이도 일상도 거부하며
몸부림 쳤다

닫힌 문 박차고
세상으로 달려 나왔지만
세로 앞엔
넘을 수 없는 장애물 뿐

위험을 감수한 탈출은
세로에게 위협이 되었지만
어쩌면 세로는 엄마를
찾고 있을 뿐

이 아픈 성장통을 견디고
다시 빛나는 세로의 눈을 보고 싶다

미당未堂선생의 발자취

한 생을 지나온 지금,
삶의 길 위에는
무채색 그림자와
유채빛 기억이 함께 어우러져 있다

기쁨과 슬픔, 설렘과 좌절이 깃든
그 길은 더욱 길고 풍성하여
바람에 흔들리는 전나무처럼
시간을 증언한다

전라북도 고창 질마 마을
미당의 숨결이 스며든 땅
고즈넉한 문학관 앞,
세월의 향기가 조용히 머문다

육필 원고 위로 언어가 흐르고,
마당에는 삶의 희로애락이 새겨져
그 시선은 오늘도
독자의 마음에 잔잔히 닿는다

생가 앞 유채꽃 노란 물결
발길을 붙잡는 듯 피어나고
돌아서는 길목 산 벚꽃은
봄바람 따라 조용히 뒤따른다

미당의 길, 삶과 문학이 하나 되는

선 끝에 담긴 나

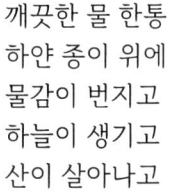

깨끗한 물 한통
하얀 종이 위에
물감이 번지고
하늘이 생기고
산이 살아나고
바다가 깨어난다

손끝은 조용히 움직일 뿐
그 안에
나의 기억이 스며들고
나의 시간들이 번진다

이건 단지 색이 아니라
내가 견딘 계절
말없이 흘린 날들의 흔적

이 작은 붓 끝에
나를 실어 나른다
풍경인가
시간인가
아니면 나인가

원추리 앞에 서다

그토록 뜨거운 햇살아래
주홍색 고운 빛으로 너는 피었다

가린 것 없이 해맑은 빛으로
이 세상 드러내며 환하게 웃는 너

말없이 피어 소리 없이 스러진 너
그 침묵 안에 얼마나 많은 낮과 밤에
깊은 기다림이 있었을까

나는 문득 걸음을 멈춘다
그 작은 생을 조용히 살아내는
네 앞에서 너처럼 나도
내 안에 고운 것 감추지 않고
살아보고 싶다

전시회

두려운 마음으로
하나하나 그림을 걸었다

내가 그려낸 세월들이
낯선 벽에 걸리는 순간
나는 벌거벗은 마음으로
그 앞에 섰다

누군가 보아 주기를 바라면서도
보이지 않기를 바라는
복잡한 심정으로
전시의 시간은 흘렀다

사람들은 웃으면서
축하의 말들이 오고 갔다
나는 고개 숙여 감사하며
애써 담담한 얼굴을 지었다

집으로 돌아와
불 꺼진 방안에 앉았을 때
눈물이 쏟아졌다

아무도 모른다
붓보다 더 먼저 번졌던
눈물의 기억을

노을 속에 서다

지나온 길 위로
노을이 조용히 내려앉는다
삶의 무게가 붉게 스며드는 순간

뜨거웠던 날들은
하늘에 번진 불꽃처럼 사라지고
찬바람 같았던 날들
삼킨 말들,
무심히 흘러간 시간 속에도
하루하루는 꺾이지 않은 채 나를 세웠다

이제는 돌아갈 필요도,
앞서갈 이유도 없다
그저 서 있는 이 순간,
시간의 중심에서 나는 나를 내려놓는다

붉게 타는 하늘 아래,
삶의 무거움마저
언젠가 이렇게 조용히 물러간다는 것을
노을이 속삭인다

별이 된 친구

한 동네에서 함께 자란
죽마고우 친구
안부도 먼저 묻고
밥도 잘 사고
유쾌하며 정 많은 친구
병이 찾아 왔을 때도
그는 초연 했다

한번은 가는 인생
내가 먼저 갈뿐이야

치료 중에도
얼굴 보자며
웃음을 주던 너
정말 그는
먼저 우리 곁을 떠났다

모두가 말했다
참 좋은 친구라고
그가 내게 남긴 말
"행복하게 살라고"

친구는 하늘에 별이 됐지만
그리움을 남기고 우리 곁을 떠났다

미리 남기는 유언

가진 것을 미리 내려놓는 연습
진짜 살아있는 삶의 시작이다

하나님과 관계정리
구원에 대한 감사의
신앙 고백
좋아하는 하나님 말씀
좋아하는 찬양

사람들과 쌓인 감정들
먼저 용서하고
미안하다 말하고

붙잡고 있던 소유
세상의 자리
내 것이 아닌 것처럼
흘려보내는 것이다

그래야 마지막 순간
무겁지 않다고
그래야 눈감을 때
웃을 수 있다고

삶의 무게

한 생을 살아 냈다는 건
그 건 말보다
침묵이 더 많은 이야기다

땀 묻은 손
기울어진 어깨
버리지 못한 마음 하나

밥상을 차리고
아이를 학교 보내고
돌아오지 않는 사람을
기다리며

속으로 삭이고
다 말하지 못하고
그저 견뎌낸 시간들
누구에게도 쉽지 않았던 생
그러나 그 무게 속에
사랑이라는 이름이 숨어 있다

엄마의 밥상

정동진 바다를 지나
고성의 친구 집에 들렀다
친구는 없었지만
이웃의 손길이
우리 부부를 부드럽게 감싸 안았다

텃밭에서 갓 따온
상추 오이와 함께
호박을 넣고 끓인 된장찌개
한 숟가락 떠먹는 순간
어머니의 밥상이 떠올랐다

말없이 한 그릇
또 한 그릇
배보다 마음이 먼저 불러왔다

돌아오는 길
된장과 쌈장 한 통
오이와 호박 한가득
차 안의 작은 간식까지

그날 하루
엄마 밥상 같은 온기가
우리의 마음을 오래도록
따스하게 채워 주었다

전복죽

대상 포진과
힘겹게 싸우던 날
기운이 자꾸 빠지고
밤마다 아픔으로 힘들었다

창밖엔
비가 조용히 내리고
고요한 방안에서
종일 누워 있었다

초인종 소리
손엔 전복죽
음료수 한 박스

언니 이거 먹고 얼른 일어나요
그 한마디에
마음이 울컥 했다

죽의 온기가 빈속을 데우고
동생의 마음이
내 아픈 몸을 감싸 주었다

나는 오랜만에 따뜻하게
잠이 들었다

전시회가 끝난 밤

 환한 조명이 꺼진 전시장에
나는 홀로 남았다

그동안 걸어온 길이
한 장 한 장 그림으로 펼쳐지고
눈앞에 서있던 시간들이
조용히 사라져 간다

숨가쁘게 달려온 하루가
갑자기 무거워 지고
가슴 속에 쌓인 감정들이
차곡차곡 흘러내린다

누군가의 눈빛
따뜻한 말 한마디가
내 마음에 닿았고
그 모든 순간이
내안에 오래 머문다

정 이란

어느 날 문득
창밖을 스치는 바람에도
사람이 그리워진다

한때 스쳐간 인연들
차 한 잔 앞에 앉았던 얼굴들
잊었다고 생각 했는데
문득 문득 떠오른다

말없이 건넨 따뜻한 손길
작은 웃음에 담긴 마음 하나
그때는 몰랐다
시간이 흘러서야 비로소 알았다

사랑도 우정도 그리움도
모두 그 안에 있었다

가슴에 남는 그 마음
정인가 봅니다

검진실 앞에서

건강 검진 안내문이 왔다
두 해 마다 받는 다지만
자주 오는 것 같다

나이 들수록
검진이 두렵다
수면 내시경도
의사와 마주앉는 시간도
괜히 불편하다

위 조직 검사를 했다
결과는 일주일 후
그 일주일이 한해처럼 길다

건강하게 살다가
떠나고 싶은 마음인데

이상이 없다는
그 말 한마디에
숨을 고른다

자화상

 나는 말보다 마음의 울림을
먼저 듣는 사람이고 싶다

예민하고 세심한 마음은
가시가 아니라, 부드러운 그물처럼
남을 품는 도구가 되고 싶다

무례한 말 앞에서 다치기보다
그 자리를 조용히 걸어 나올 수 있는
단단함을 지니고 싶다

많은 인연보다
한사람의 마음을 오래 지키는
사람이 되고 밥 짓는 손끝에도
진심을 담을 줄 아는 사람이
되고 싶다

교제 속에 음식 먹는 것 보다
웃음이 있는 자리를 좋아했고
그들과 함께 있는 시간 속에서
내 안의 삶이 자라남을 느꼈다

오랜 새벽, 사랑을 위해 연 문턱
그 시간이 헛되지 않았음을 안다
함께 있음만으로 따스해지는 존재
그런 사람이 되고 싶은 나

평안을 노래한 그녀

복잡한 도시를 떠나
연둣빛 봄날
조용한 전원으로
향한 그녀

허물어진 담장을 세우고
들꽃을 심고
채전 밭을 가꾸며
감사로 하루를
채워 간다

나물을 캐어
된장국 끓이고
차 한 잔에 노을을 담아
마음을 녹인다

힘겨웠던 세월도
이제는 스스로를 다정히
안아주는 시간

인생 어디에 있어도
주님과 함께라면
그녀는 평안하다고
노래한다

2부 가족
존재가 꽃처럼 피어나다

내 사랑 그대
사랑은 색으로 피어나다
손자
연주자
돌아보면 어머니

미안하다
여기까지 왔구나
조용한 사랑
꽃은 자기 자리에 핀다
나무 그늘 같은 당신

내 사랑 그대

별을 보면
생각나는 그대

꽃을 보면
그려지는 그대

산을 보면
기대고 싶은 그대

맛있는 것 먹으면
나누고 싶은 그대

낙엽 지는 거리를
나란히 걷고 싶은 그대

이제는 바람 되어
당신 곁을 맴돕니다

사랑은 색으로 피어나다

철부지 같던
연두 빛 풋 사랑

설레던 청춘의
핑크빛 사랑

중년에 원숙하게 피어나는
장미빛 사랑

노년의 고운 노을
빛으로 물든
조용한 사랑

사랑위에 사랑을
덧칠해 온 시간들

그 모든 색이 어우러져
비로소 아름다운
행복이 되었습니다

손자

사춘기 열병 앓는 듯
감정 따라
예민하고 뚱한 손자
겨울방학 맞아
나주에서 수원으로 왔다

트집만 잡을 줄 알았던 녀석이
신세계에 매료된 눈빛은
독수리처럼 번득이고
빛보다 빠른 손놀림으로
자판 위를 유영한다

수원화성 둘레길
스타필드 별 마당
홍대거리 롯데타워
체험 학습으로
일주일 여정이 순간순간 소중했다

돌아간 뒤
손자가 머물던 방
반듯하게 정리한 이부자리
정갈히 정리된 책상
문득 가슴이 뭉클했다

사춘기란 말없는 성장통이란 걸
손자가 떠난 후에야 알았다

연주자

 노신사 한사람
고요히 색소폰을 분다
감미로운 소리에 귀가 열리고
짙은 울림에 마음이 열린다

빠른 리듬
밀고 당기는 멜로디
애틋한 음색에
삶의 언저리를 어루만진다

그 소리는
숨처럼 번지고
바람처럼 퍼져
이내 향기가 된다

들숨과 날숨 사이로
내게 생기를 불어 넣는
그대는
멋진 색소폰 부는 남자

돌아보면 어머니

한 남자를 만나
낯선 집에 며느리로 들어와
서툰 손 모자란 마음으로
늘 긴장하며 살았습니다

시어머니의 말씀
기대와 바람
제사와 명절마다
돌덩이 삼킨 듯
숨이 막혔지요

그 세월
참고 견디며 이제
나도 시어머니가 되어
며느리 안에서
지난 날 나를 봅니다

주름 사이에 숨겨진
어머니의 고단한 마음
그땐 몰랐습니다

어머니가
기다려 주셨던 그 사랑
이제 흘러 보냅니다

언제든 돌아오고 싶은
며느리 마음속
포근한 고향이 되고 싶습니다

미안하다

다섯 살 때
엄마를 먼저 보낸 네게
우리는 늘 안쓰러운
마음뿐이었다

어린 날부터
힘든 짐을 먼저 짊어진 너
따뜻한 말보다
혼자 견뎌야 했던 날들이
많았지

삶은 한번도
너에게 쉬운 적이 없었는데

그 힘든 걸음마저
계단아래 굴러
너의 어깨와 무릎마저 다쳐
고통 속에서 밤잠을 설치는
너를 우리는 그저 바라보기만 했다

내 동생아 너는
강하게 살아 왔지만
그 강함이 외로움
이었다는 걸
우리는 안다

미안하다

여기까지 왔구나

누가 알아줄까
엄마 없이 시작된
우리 자매의 인생을

울어도 될 시간에 참았고
기댈 곳 없는 날엔
서로 어깨가 되어 주었지

넘어진 날도 많았지만
누구하나 놓지 않고
우리는 여기까지 왔다

조금은 천천히 가더라도
함께 걸어가자
눈물이 있어도
우리답게 웃을 수 있도록

조용한 사랑

가까이 손
내미는 것도
말없이 멀리서
지켜보는 것도
사랑이다

형제는
자주 다투기도 하고
서운한 것 많아도
정작 어려울 때는
말없이 곁에 선다

우리의 사랑은
크게 말하지 않아도
묵묵히 오래 남는다

꽃은 자기 자리에 핀다

소나무 숲 그늘아래
연보라 빛 고요히 번지는
맥문동 꽃
이 여름 끝자락에서
시영이가 생각난다

색동 돌복이 더워
진땀 흘리며 울던 첫 돌잔치
그 작던 아이가
이제는 오르간 앞에 앉아
혼자만의 길을 찾고 있다

음표하나 음하나
그 손끝에 간절한 마음담은
멋진 아티스트가 되길
할머니는 소망한다

연보라 꽃 맥문동처럼
빛나지 않아도 곱고
늦게 피어도 반드시
아름다운 꽃처럼

시영이가 자기자리에서
아름다운 빛으로 피어나길

나무 그늘 같은 당신

당신은 늘
햇살보다 한걸음 뒤에서
있었습니다

눈부신 자리를
내게 양보하고
그늘진 자리에
당신이 머물렀지요

말없이
삶의 무게를 나눠들고
비바람을 맞으며
우리를 지켜온 당신

어디 내세우지도
어디 기대지도 않고
그저 거기 있는 사람
나는 알지요
그 그늘이 얼마나 깊고
따뜻한지

당신의 그늘 아래
지친 마음이 숨을 쉬고
삶이 비로소
쉼을 얻는 다는 걸
그 사랑이 우리 가족의
뿌리가 되었습니다

3부 신앙
신앙의 삶 속에서

새벽기도 가는 길
어머니의 기도
함께여서 감사
룻을 따라 걷다
룻을 위한 나의기도

사랑의 기도
백합꽃의 기도
소박한 여인의 기도
가족을 위한 기도

새벽기도 가는 길

고요한 침묵이 흐르는 골목
밤새 내려앉은 벚꽃
은은한 달빛에 반사되어
시리도록 처연하다
하얀 꽃길 한걸음씩 내딛는 모습
눈먼 사람처럼 조심스레 걷는다

여명에 들려오는 새들의 속삭임
혼미한 영혼 깨우고
대지위엔 봄의 향연이 번진다
연보라 라일락 향기
노란 민들레의 웃음
온몸으로 봄의 여운을 담는다

삶의 갈피마다
향기로 스며들어
고마운 사람
정겨운 친구
병들거나 지치거나
울지 않게 하소서
부디 그렇게 하소서

어머니의 기도

청보리 익어가던 초여름
종갓집 맏며느리였던 어머니
셋째 딸 나를 낳고
미역국도 못 드신 채
조용히 눈물 흘리셨다고 합니다

아들을 바라셨던
그 간절한 마음
나는 태어나자마자
어머니 마음을 아프게 한 딸이었습니다

해마다 내 생일이면
어머니는 정성껏 상을 차리고
좋은 것만 보고
많은 사랑 받으며
무병장수 바라며
두 손 모아 기도 하시던 어머니

그 간절한 바람을
나는 가슴 깊이 품고 살았습니다

어머니의 기도 사랑의 향기 되어
생일 케이크 위로 피어오르는
촛불 속에서 어머니의 모습이
아른거려 집니다

함께여서 감사

기쁠 때
먼저 웃어준 사람들
슬플 때
말없이 곁에 있어준
사람들

그런 당신들이 있었기에
믿음의 길도
인생의 길도
덜 외로웠습니다

기도 제목이 많던 날
내 이름을
주님 앞에 올려준 따뜻한 마음
지금도 내안에
작은 등불처럼 빛나고 있습니다

함께 예배하고
함께 울고 웃던 날들이
제 삶에 가장 따뜻한 증거입니다

룻을 따라 걷다

작은 테이블 다섯 잔의 커피
우리는 모였다

말씀을 펴고 마음을 열고
룻을 따라 삶의 길을 걸었다

룻은 모든 것을 잃은 여인이었다
우리는 잃어버린 시간과
사랑을 이야기 했다

보리이삭을 줍는 룻의
뒷모습에서
우리는 삶의 고단함과
묵묵히 견디어온 나날들을
떠올렸다

보아스의 만남은 우연히 아니라
하나님의 정교한 손길이 있었음을 알았다
나오미의 섬세한 인도는
며느리를 딸처럼 품은
그리스도의 사랑이었다

말씀이 삶이되고
눈물이 기도가 되는
서로의 마음을 담아내는
소중한 시간이었다

룻을 위한 나의 기도

바람이 지나가면
당신의 뜻이 내 안에 머뭅니다

나는 길을 버리고
당신의 침묵 위에 섭니다

어머니의 발자국은
믿음의 언어로 남고,
나는 그 뒤를 따릅니다

익숙함을 버리는 고통 속에
사랑이 맑아집니다

당신이 계신 곳 —
그곳이 나의 고향입니다

이름 없는 밭에서
은혜의 이삭을 주우며
가난을 예배로 드립니다

내 걸음 끝,
하나의 밀알이 되어
당신의 빛을 피우게 하소서

사랑의 기도

하나님,
사랑을 배웁니다
그것이 신앙의 시작임을 압니다

꽃이 피듯,
빛이 어둠을 감싸듯
당신의 마음이 내 안에 스밉니다

사랑은 말이 아닌
기다림 속의 믿음,
침묵 속에 익는 진심입니다

누군가의 상처 앞에 서서
당신의 자비를 배웁니다

용서가 어려운 날엔
내 사랑의 작음을 깨닫게 하시고
작은 선행으로도
당신의 나라가 피어나게 하소서

하나님,
사랑은 내 오래된 기도
새로운 배움입니다

그 사랑으로
오늘을 살게 하소서

백합꽃의 기도

햇살보다 먼저 깨어
당신의 이름을 향기로 올립니다

흙의 어둠 속에서
나는 빛을 믿는 법을 배웠습니다

한 줄기 바람에도 흔들리지만
쓰러지지 않음은,
당신의 손길이 나를 붙드심입니다

세상은 스스로를 피워내라 말하지만
나는 오직 당신의 숨결로 피어납니다

물 한 방울에도 감사하고,
침묵 속에서도 찬양하며,
이 땅의 낮은 자리를 사랑합니다

누군가의 발자국 아래
짓밟혀도 향기로 남게 하시고
지나가는 이의 하루에
잠시라도 빛이 되게 하소서

주님,
나는 피는 법으로
기도를 배웠습니다
이 작디작은 백합의 숨결로
당신의 사랑을 세상에 흘리게 하소서

소박한 여인의 기도

햇살이 부엌 창을 스칠 때
그녀의 손은 조용히 밥을 짓습니다

소금 한 줌, 물 한 방울에도
감사의 향기가 번집니다

빗방울이 마당을 두드릴 때
작은 기도가 숨처럼 올라옵니다
"오늘도 살아가게 하소서
보이지 않는 손길로 나를 이끄소서"

그녀의 눈빛, 작은 꽃잎처럼 연약하지만
하늘 향해 마음을 활짝 엽니다

빨랫줄 위 햇살, 창틀 위 먼지,
그 모든 것이 조용한 예배입니다

손끝에 담긴 따스함,
웃음 속에 스민 온기,
그 속에서 하나님은 숨 쉬십니다

밤이 와도 초 하나 켜고
속삭이는 기도,
"나의 하루, 내 작은 삶,
당신의 뜻 안에 머물게 하소서"

가족을 위한 기도

아버지, 어머니, 형제와 자매를 위해
오늘도 마음을 모읍니다

식탁 위 작은 빛처럼
사랑이 가득 차게 하소서

말 한마디, 손길 하나에도
용서와 은혜가 흐르게 하시고
서로 다투는 순간에도
당신의 평화로 마음을 감싸 주소서

밤이 오면 우리의 잠을 지켜
꿈속에서도 서로를 지켜보게 하소서

가족의 하루가
당신 안에서 기도로 피어나게 하시고
그 사랑이 세상 속에서 빛이 되게 하소서

여행
4부 낯선 풍경에서 느껴지는 은유

동백의 시간(오동도에서)
고성 가는 길
경순이의 정원
오월의 비상

작은 인사 큰 행복
정동진의 일출
여름휴가

동백의 시간(오동도에서)

새벽빛이 물들기 전,
당신과 나
말없이 오동도의 숲길을 걸었습니다

안개 걷히는 바다 위,
찬이슬 머금은 동백꽃이
붉디붉은 마음으로 피어났습니다

그 순간
이 새벽, 이 풍경, 이 사람이
모두 한 편의 시가 되었습니다

시간은 흘러가도
그날의 동백은 내 안에서 다시 피고,
당신과 나란히 걷던 동백섬은
여전히 따뜻한
기억의 불빛으로 남아 있습니다

고성 가는 길

작열하는 태양 아래
짙푸른 녹음이 파도처럼 일렁인다

푸른 바다와 친구를 향해
우리는 고성으로 길을 나선다

망초꽃 웃음 속을 지나
진부령 고개를 넘어가면
남순이네 마당엔
붉은 복숭아와 도라지꽃이
살가운 눈빛으로 우리를 맞이한다

청춘의 이름으로 불리던 시절은
눈가에 주름진 미소로 남았지만
서로의 아픔을 감싸는 마음은
흘러가는 세월 속에서도
따뜻한 우정은 여전히 푸르고 깊다

돌아오는 길
38선 카페의 쪽빛 호수처럼
우리의 남은 날들도
이렇게 잔잔하길 기도한다

경순이의 정원

오월의 햇살은
묵은 우정을 다시 피워내는
따뜻한 손길이었다

경순은 고향 냄새 밴 마을로 돌아가
넓은 텃밭에 꽃을 가꾸며 살고 있었다

장미와 라일락, 함박꽃 사이로
그녀의 웃음이 바람처럼 피어났다

오 년 만의 만남,
머리칼엔 세월이 내렸지만
눈빛은 여전히 봄이었다

찬양과 기도가 스민 밤
말하지 않아도 알 수 있는 마음이
조용히 우리를 감쌌다

이튿날 아침,
이슬 맺힌 풀잎 사이로
딸기 향기 같은 우정을 담아 돌아왔다

그 하루, 그날 밤 웃음은
지금도 내 안에서 오월처럼 피고 있다

오월의 비상

향기 짙은 계절의 문턱
딸과 함께 떠난 여행
"엄마, 패러글라이딩
해 볼래요" 할까 말까
두려움에 마음이 흔들렸다

하늘을 품은 마음
오월의 바람이 나를 부른다

비행복을 여미며
성인봉의 끝에 서니
가슴이 젊은 날처럼 뛰었다
"멈추지 말아요."
파일럿의 음성이
바람으로 등을 밀었다

두려움은 한순간,
날개는 믿음처럼 펼쳐졌다
남한강이 은빛 리본처럼 흐르고
연둣빛 산들이 노래한다

고희의 나이,
딸과 함께 오른 하늘
그 반짝이던 하루가
지금도 내 마음은 비상 중이다

작은 인사 큰 행복

 라오스의 골목을 걷다
한 줄기 빛이 내 발을 멈추게 했다

옹기종기 모여
더위를 식히던 가족들
눈이 마주치자
그들은 미소로 자리를 내어주었다

주름진 손끝으로
할아버지는 가족을 가리킨다
새끼손가락 끝에서
작은 손녀의 웃음이 피어난다

말은 통하지 않아도
눈빛이 다정한 언어가 되고,
바람처럼 흘러든 웃음 속에
우리의 마음이 닮아갔다

낯선 나라의 골목 끝,
작은 환대 하나가
오래된 그리움처럼
내 안에서 환히 피어났다

정동진의 일출

어둠이 물러난 자리
바다는 고요한 순결로
빛을 맞이한다

수평선 너머 어둠의 끝자락
붉은 태양이 첫 숨을 고르며
물결의 심장 속에서
하루가 붉게 깨어난다

이윽고 타오르는 불꽃
바다는 황금빛으로 떨리고
하늘은 숨 막히게 붉어진다

하루가 태어나는 자리
자연이 매일 그리는
가장 장엄한 그림 한 폭

그 앞에 서서
숨을 고르고 마음을
내려놓는다

정동진의 새벽은
말없는 기도로 피어난다

여름휴가

 폭염의 숨결이
세상을 달구던 여름
우리는 바다를 향해 걸었다

썬크루즈 창 너머
고요가 물결처럼 번지고
파도소리마저
우리의 숨결을 닮아 있었다

눈부신 기적 없이
그저 나란히 걸어온 세월
이 평온이야말로
가장 깊은 축복임을 안다

지금, 이 정동진의 밤
별빛은 느리게 내려앉고
우리의 삶은
파도처럼 조용히 이어진다

5부 자연
사계의 노래

경칩「봄의 속삭임」
배롱나무
입춘「봄의 숨결」
봄꽃 잔치
봄비 지난 자리
봄이 태어나는 소리
어느 봄날
꽃바람
오월이 오면
유월 소묘
그해 여름밤을 산책하다
능소화에 대한 회상
그리움
가을 노트
가을 향기
국화 향기에 머물다
순백의 향연

겨울나기
눈 오는 날
겨울 잔상
그리운 꽃길
망초 꽃길에서
수국 피는 날
이름 값
경천대에서
팽나무 그늘 아래
능소화를 알현하다
여름 꽃 앞에서
밤비
한여름 밤 달빛 아래
여름 자르기
황톳길을 걸으며
여름의 뒷모습

경칩 「봄의 속삭임」

 잠에서 깨어난
작은 생명들
땅속을 두드린다

웅크렸던 대지는
서서히 기지개를 켜고
미세한 초록의 속삭임이
들판위로 번져간다

먼 곳 개울물은
은밀히 노래를 흘리고,
숲 속 나뭇가지에는
잃어버린 새들의 울음이 돌아온다

배롱나무

여름의 가장 깊은 곳
햇살도 지쳐 머무는 그늘아래
핑크빛 꽃이
수줍은 듯 화사하게 피었습니다

한 송이 또 한 송이
늦도록 피어 마음을
붙잡고 가던 걸음 멈추고
살며시 가지를 건드려 봅니다

간지럼을 잘 탄다는 소문처럼
꽃잎들 사르르 춤사위로
나를 향해 씨익 미소를 띠웁니다

그 웃음에 나도 피식 웃고
다시 발걸음을 옮기며
잠시 머물던 여름 한 모퉁이를
가슴 갈피에 담아 둡니다

입춘 「봄의 숨결」

봄이 발끝으로 세상을 스칠 때
품안으로 스며드는 바람은
차지만 마음은 따뜻하다

잔설 속에서 몸을 뒤척이는 동백
겨울의 이야기를 붉은 입술로
속삭이며 밤을 밀어낸다

봄 햇살 내려앉은 수면위로
아지랑이 아련히 피어오르면
강둑에 버들강아지
하얀 손 흔들며 마중 나온다

모든 순간은 흐르지만,
흐름 속에서 생명은 깨어나고
시간은 조용히 마음의 깊이를 새긴다

봄꽃 잔치

부화된 노란 병아리처럼
종종 거리듯 튀어나오는
산수화 개나리 후리지아
너와 내가 노란 등불 되어
세상이 환해진다

봄은 곱게 입은 봄처녀들 나들이
눈부시게 우아한 하얀 목련
상큼 발랄한 복사꽃
가로수 마다 흐트러진 벚꽃 물결
꽃바람 가슴안고
사람들의 발길이 모여든다

옹기종기 무리지어 핀
노란 민들레 보랏빛 제비꽃
꽃의 만찬으로 둘러앉아
사랑하는 사람과 달콤한 눈 맞춤
살며시 깍지 낀 손등위로
벚꽃이 흩날린다

그 순간 청춘의 벽을 넘는다

봄비 지난 자리

 사흘쯤 이어진 비가
겨드랑이 깊숙이 스며든다

언 땅을 누르고 있던 풀뿌리 적시고
돌 돌 말아두었던 시간 속에서
목련꽃 눈이
봉긋봉긋 부풀어 오른다

겨우내 곰삭은 메주
햇살 좋은날 소금물에 띄우고
헛간에 쉬던 농기구들
이제 다시 움직일 때

후리지아 꽃다발 안고 교정을
나서는 졸업생들의 발걸음
겨울잠에서 깨어난 산천초목
졸졸 시냇물 흐르듯 봄을 기다린다

봄이 태어나는 소리

봄의 잉태를 위해
아픔과 고통 속에서
비집고 나오는
신생아들의 첫 울음

가지 끝 목련이
사르르 겨울 옷 벗는 소리
홍매화 화사한 인사에
화답하듯 새들의 맑은 노래
소리가 울려 퍼진다

개나리가 햇살을 담은 뜰
병아리 떼 종종걸음으로
삐 약 삐 약 봄을 연습한다

강가에 맑은 물소리
고요한 떨림 속에
향기 담은 봄
아지랑이 언덕 위
가물가물 손짓하며
나직이 우리를 부른다

어느 봄날

 지리산 고로쇠
택배로 도착했다

전화기 너머 형님의 말
"잘 챙겨 먹으라"
봄소식이 손끝까지 스며든다

손에 쥔 달빛 같은 물
논두렁 검불 사이
얼굴 내민 냉이를 떠올리며
어머니 손맛 담긴 된장찌개
그리움 한 움큼 입안에 퍼진다

봄비에 허리끈 풀리듯
묵혀둔 마음도
조용히 녹아내린다

꽃바람

진달래 연분홍 물결에
잠잠하던 앞산이 술렁인다

매화 향기 그윽한 뜰엔
벌 나비 나풀나풀 모여들고
제비꽃 꽃신 신고
살금살금 내려온다

포근한 햇살아래
둥근 꽃방석이고
꼬물꼬물 나들이 가는
민들레 가족

흐드러지게 핀 벚꽃
꽃바람에 흩날리면
명자 꽃 입술이 살며시
붉어진다

오월이 오면

아카시아 향이 흩어지는 들녘
찔레꽃 냄새에 마음이 젖는다
스쳐간 날들이 문득
그리움의 얼굴로 다가온다

지워낸다 해도 남는
기억의 그림자들,
작은 바람에도 흔들리는
내 안의 오래된 잎사귀

청보리밭 바람결 따라
젊은 날의 숨결이 다시 피어나고
언덕 위 교회 종소리는
유년의 기도로 되살아난다

먹을 것보다 사랑을 주던 어머니
그 손끝의 따스함이
이제 내 마음의 기둥이 되어 서 있다

오월의 어느 날
그리움이 밀물처럼 번지면
나는 옥정호의 품에 기대어
다시 처음의 나로 돌아가고 싶다

유월 소묘

 스쳐지나가는 차창 넘어
산과 들 진초록 녹음이 짙어간다
공주를 지날 즈음
눈처럼 하얀 밤꽃이 불꽃놀이처럼
온 산을 흔든다

모내기한 논에 왜가리 한 쌍
한가로이 노니는 모습이 정겹다

고즈넉한 마을이 주는 평온함
노인정 마당엔 자식을 기다리는
그리움처럼 금계국이 피어
누군가에게 손을 흔든다

하얀 봉지를 단 포도송이
빨간 앵두, 금빛 살구가 주렁주렁
각색의 모양으로 탐실하다

먼 산에서 들려오는 뻐꾸기 울음
유월의 한여름을 향해 조용히
달려가고 있다

그해 여름밤을 산책하다

열대야에 뒤척이며
창가에 서서 하늘을 본 다
별이 보이지 않는 도시의 밤
유년의 여름밤이 떠오른다

어둠이 내리면 저녁
준비하시는 어머니
달군 무쇠솥 위로
나무 타는 소리, 메케한 연기
손 수제비 한 그릇

배를 두드리며 멍석에 누운 자매들
오작교 타고 은하수 수십 번 건넜다
반딧불 너울너울 춤추면
엄마 무릎에 머리 얹고
부채바람에 잠들던 밤
세월이 흘러도 그날의 여름밤은 잊히지 않는다

그리운 기억 하나 입가에 빙그레
미소가 번진다

능소화에 대한 회상

첫딸 안고 시댁 담장아래
머물던 그 여름

남편은 먼 서울로 발령이 났고
나는 아이와 함께
그 자리에 남았습니다

하루하루 낯선 공기 속에서
울고 웃고 참으며 살았습니다

어느 날 담장엔
능소화 꽃이 피고
꽃은 마치 내 마음을 대신 오르듯
그리움도 참았던 말들도
꽃잎마다 하나씩 걸어두었습니다

무심한 시간 위를
조용히 오르내리던 그 꽃
그 여름은 그렇게
능소화에 기대어 피었고
나는 그 꽃에 기대어
시를 써 봅니다

그리움

가을은
가만히 서 있기만 해도
세상과 사람을 향한 그리움이
기도처럼 피어난다

늘 곁에 있을 것만 같던 사람들
어느 날 돌아보면
조용히 떠나 있었다

마음에 가득한 말들은
끝내 입 밖으로 나오지 못하고
사랑한다는 말 한마디조차
남겨주지 못한 채 보내고

용서를 구하고 싶었지만
자존심은 화석처럼 굳어
회한의 손길조차 미치지 못했다

가을 노트

짧은 가을이 찬란하다
불꽃처럼 타오르는 만추의 옷자락
거리마다 물결친다

강가의 석양 아래
붓으로 그려 놓은 듯한 풍경
눈으로 뗄 수 없어
가슴도 붉게 꽃이 핀다

어느새 스산한 갈바람
나뭇가지 흔들며 화르르 떨어지는 낙엽
뒹구는 모습에 처연한 미련이
가슴에 맺힌다

추수 끝난 들판
고즈넉이 남겨진 볏단처럼
가을은 이별의 순간을
한 폭의 그림으로 남기고
조용히 깊어만 간다

가을 향기

고개 숙인 해바라기
여름을 배웅하고
코스모스 화사한
웃음으로 가을을 맞이한다

폭풍우 견디고
고개 내민 벼 이삭
매미는 짧은 생의 문턱에서
마지막 노래로 계절을 닫고

늦더위에 지친 마음
풋사과 한 잎에
가을 향이 스며든다

국화 향기에 머물다

여름 꽃 모두 물러간 자리
가을 볕 드리운 돌담 아래
올망졸망 맺힌 꽃망울
투명한 옷고름 풀고
노란 속살로 환한 미소 건네준다

허허로운 마음의 빈자리를
고운 빛 온기로 채워주는 너
오래도록 내 마음에 담는다

찬 서리 견디어 낸 고운 빛
코끝에 번지는 은은한 향기
청초하고 소담스런 너
이 가을 자꾸만 들여다보게 된다

순백의 향연

잿빛 하늘 아래 함박눈이
소복소복 쌓인다

나뭇가지엔 눈꽃송이
장독대엔 하얀 털모자
도란도란 평화롭다

산과 들길과 웅덩이
대지의 경계를 지우고
소리 없이 빚어낸
순백의 나라

눈이 그려낸 풍경
자연이 그대로 모델이 되고
눈부시게 차려 입은
온 세상 만물
눈 꽃 터널 속에 곱게 담겨
가슴 벅찬 기쁨이 피어난다

겨울나기

발길 끊긴 쓸쓸한 놀이터
찬바람이 그네를 탄다

외투 한 벌 없는
앙상한 나목들 겨울을 난다

칼바람에 꺾인 가지
아픈 상처 안고 서로를
끌어안듯 조용히 다독인다

폭설에 짓눌려
고사된 나무들
무게의 아픔을 견디며
인내로 봄을 품는다

언 손 마주잡고
하얀 입김 품으며
폐휴지 가득 실은 리어카를
휘청이며 끄는 노인
천천히 겨울 언덕을 오른다

눈 오는 날

깃털처럼 허공을 맴돌다
살포시 내려앉는 눈
세상은 조용히
하얀 옷을 입는다

차곡차곡 쌓이는 곳마다
아름다운 꽃으로 피어나
외로운 이 아픈 이에게
위로가 되어 스며든다

눈 덮인 산야
겨울 품에서
토닥토닥 타오르는
불화로 앞
감국 차 한 잔으로
마음을 데운다

겨울 잔상

종일 내리던 비가
저녁 무렵, 하얀 숨결로 바뀐다

순식간에 세상은 눈꽃의 나라,
나는 창가에 서서
누군가의 발자국을 기다린다

하얀 길 위를 지나가는 사람들
감나무 끝 홍시 하나는
까치의 겨울을 견디는 등불이 된다

쏟아지는 눈발 속에서
나는 오래된 기억의 잔향을 듣는다
허공을 떠도는 흰 입김처럼
노년의 마음도 천천히 흩어진다

모든 것은 스러지며 빛난다
사라짐 속에서만 남는 온기,
그 조용한 겨울의 진실 앞에

무채색 겨울을 따라 쓸쓸해진다

그리운 꽃길

길가에 하얗게 흐드러진
망초 꽃을 보면
가슴 어딘가 저릿해 진다

바람결 따라 출렁이는
그 모습이 어릴 적
논둑길 따라 걷던
그 여름 닮았다

햇살 아래
수줍게 고개를 떨구던
그 망초 꽃 사이로
어머니 목소리가
들려오는 듯하다

지금은
돌아 갈수 없는 풍경이지만
망초 꽃은
매년 그 자리에 피어나
나를 그 시절로 데려간다

그리움도 꽃이 되면
아마 망초 꽃일 것이다

망초 꽃길에서

산과 들 묵정 밭 가득
흐드러지게 핀 망초 꽃

살랑 살랑 어깨를 부딪치며
웃음으로 나를 맞아주는
너를 보며 오래 잊었던
유년의 뜰에 잠시 잠겨 봅니다

돌아 갈수도
머무를 수도 없는 삶이지만
이 순간 우리 곁에 놓인
소소한 행복을 망초 꽃처럼
가득 나누고 많이 웃었습니다

세월에 잘려 나간 기억들
꽃잎처럼 흩날려
희미해진 흑백사진이 되고
오래 찾지 못한 고향 나들이는
자매들의 얼굴 언저리에
생의 나이테로 남아
한적한 산책길을 걷습니다

그 길 위에
피어있는 망초 꽃이
참 고마운 동행 이었습니다

수국 피는 날

화사한 날 보타닉 수목원엔
수국이 한창이었다
푸른빛, 보랏빛, 하얀빛 사이로
오랜만에 만난
초등학교 친구들과
꽃길을 천천히 걸었다

호숫가의 바람은
지나간 시절을 건드렸고
물빛 속에
우리가 어린 날로 비쳐졌다

한 그릇의 보양식 앞에서
말 대신 건네는 정
많이 먹고 건강하라고
짧은 말에도 따뜻함이 가득한
오빠 같은 친구

그냥 웃고
그냥 걸었을 뿐인데
참 좋은 하루였다

그날의 수국처럼
마음에도 조용히
꽃 한 송이 피었다

이름 값

모양도 결도 다른 나무들
사람을 많이 닮았다

잘났건 못났건
저마다 이름 하나 달고
한자리에 묵묵히 서 있다

표피고운 자작나무
버짐처럼 얼룩진 나무
사슴 뿔 닮은 노각나무
매끈한 배롱나무
주름 진 돌배나무
껍질 깊게 패인 굴피나무

불러주지 않아도
꽃을 피우고
그늘을 드리우며
세상 한 귀퉁이를 환하게 만든다

열매를 맺으며
조용히 이름값을 한다

신맛 단맛 향기까지
모두 다르지만
모두가 존재의 품이다

경천대에서

백팔 돌탑 어우러진 숲길
가파른 계단을 따라
전망대에 오르니
비봉산이 병풍처럼 펼쳐지고
낙동강 천리 길이 한 눈에 담긴다

굽이도는 강 따라
강바람에 흔들리는 갈대숲사이
뻐꾸기 울음소리 정겹다

무우정에 앉아 흐르는 물을 보니
세상을 내려놓고 자연에 기대던
선조들의 숨결이 스며든다

억겁의 세월 깃든 소나무 등걸
푸른 절개로 세대를 품고
신비한 바위틈에서
이끼와 나무가 어우러진다

하늘이 내린 절경 앞에
감탄과 고요한 행복이 겹쳐진다

팽나무 그늘 아래

고향 언덕에
묵묵히 자리를 지키던
오래된 팽나무 한 그루

두 팔 벌려도 닿지 않던
그 커다란 나무는
내게 놀이터이자 친구였다

껍질로 탑을 쌓고
주황빛 열매를 간식삼아
기쁨도 서운함도
모두 그 아래 놓곤 했다

오랜 세월 견디며
희로애락을 품어준 나무
그리운 마음에 문득
안녕하신지 안부를 묻는다

능소화를 알현하다

담장에 기대어
오랜 세월을 견딘 그리움이
또다시 불꽃처럼 피어난다

바람에 흔들리는 꽃잎
햇살에 눈이 부셔 올려다보면
화려한 꽃들이
어느새
툭, 툭
소리 없이 떨어진다

숨 가쁘게 피어나
한 철을 온몸으로 불사른 후
말없이 지는 그 뒷모습

발끝에 닿은
그 붉은 꽃잎 하나
차마 밟지 못 했다

여름 꽃 앞에서

한낮의 햇살아래
조용히 피어난
여름 꽃 한 송이

화려하지 않아 더 곱고
말이 없어 더 깊습니다

바람에 흔들려도
꺾이지 않고
제자리에 선 그 모습
문득 내 마음을 닮았습니다

잠시 멈춘 이 여름
꽃 앞에 선 나는
아무 말 없이 조용히
위로 받습니다

밤비

 불 꺼진 방에 누워
창밖 흐르는 빗소리를 듣는다

홈통 타고 흘러내리는 자박자박
작은 물방울이
내 마음 구석을 천천히 적신다

그저 빗소리일 뿐인데
그 안에 잊힌 숨결이 깃들고
시간의 흔적처럼
조용히 나를 깨운다

잔잔한 그리움 하나
내 안에 스며든다

한여름 밤 달빛 아래

잠결에 깨어
식지도 않은 더위 사이로
숨을 고른다

창밖은 온 세상이 고요한 듯
숨죽인 여름 밤

그 위로
둥근 달이 떠 있다
말도 없이
빛으로 다가와 나를 안는다

고요함이
이토록 깊고
달빛이 이토록 포근하고
따뜻할 줄

나는 묻지 않고
달도 말하지 않는
이 밤은 그저
존재로 위로가 된다

여름 자르기

 매미 울음 저물어
뜨거운 햇살 한 걸음 물러선 길목
잎사귀는 바람에 흔들리며
조용히 이별을 연습한다

폭염에 그을린 기억들은
서서히 그리움으로 피어나
하루의 풍경 속에 스며든다

들녘 누렇게 고개 숙인 벼는
가을 소식을 재촉하며
새로운 계절의 색을 품고
우리 마음도 은은한 가을빛에 물든다

황톳길을 걸으며

매여울 공원 아침 빗속에
고운 황톳길이 누워있다
신발을 벗고 마음을 벗고
살며시 걸음을 내 딛는다

부드럽게 발바닥을 감싸는
촉촉한 흙의 온기
대지의 숨결이 느껴진다

풀잎이 속삭이는 소리
새들이 건네는 안부 속에
몸도 마음도 가벼워진다

한걸음 또 한걸음
황톳길 따라 걷는 동안
내안의 조용한 나와 마주하고
건강을 닦고 마음을 씻으며
오늘도 맨발로 황토길을 걷는다

여름의 뒷모습

무더위와
씨름하듯 지낸 여름
숨이 턱에 차오르던 날들도
조금씩 멀어진다

열기가 멀어져 가는
여름의 끝자락

한 계절의 시간이
내 옆을 바람처럼 스쳐 간다

화사한 꽃그늘 아래
가던 걸음 멈추고
떠나는 여름을 사유한다

백일동안 피고 지는
목 백일홍
여름을 장식하듯
아름다운 너의 모습
노을빛에 물들고

늦게 핀 봄

지은이 | 양길순
초판인쇄 | 2025년 10월 30일
초판발행 | 2025년 11월 06일

펴낸곳 | 도서출판 영혼의 숲
펴낸이 | 허광빈
편집디자인 | 정원식

편　집 | 서울특별시 중구 퇴계로 187 국제빌딩 206호
주　소 | 서울특별시 은평구 통일로 53길 9-15
전　화 | 02) 2263-0856
모바일 | 010-6770-6440
E-mail | booksyhs@naver.com

ISBN : 979-11-90780-38-4 (03810)

가격 : 10,000원

※ 이 책의 저작권은 저자와 도서출판 영혼의 숲에 있습니다.
　무단전재와 복제를 금하며 잘못된 책은 교환해 드립니다.
※ 저자와 협의로 인지는 생략합니다.

　　이 도서의 국립중앙도서관 출판예정도서목록(CIP)은 서지정보유통지원
　　시스템 홈페이지(http://seoji.nl.go.kr)와 국가자료종합목록시스템
　　(http://www.nl.go.kr/kolisnet)에서 이용하실 수 있습니다.
　　(CIP제어번호 : 979-11-90780-38-4(03810)